대한민국 헌법

대한민국 헌법

모든 권력은 국민으로부터 나온다
대한민국의 주권은 국민에게 있고

대한민국 지음

대한의 소리

| 차 례 |

책을 들어가며 ··· 6

제 1 부 대한민국 헌법

전문	··· 11
제 1 장 | **총강**	··· 15
제 2 장 | **국민의 권리와 의무**	··· 18
제 3 장 | **국회**	··· 30
제 4 장 | **정부**	··· 40
제 5 장 | **법원**	··· 53
제 6 장 | **헌법재판소**	··· 57
제 7 장 | **선거관리**	··· 60
제 8 장 | **지방자치**	··· 62
제 9 장 | **경제**	··· 64
제10장 | **헌법개정**	··· 68
부칙	··· 70

제 2 부 Constitution of the Republic of Korea

	Introduction	⋯ 75
	Preamble	⋯ 78
Chapter 1	General Provisions	⋯ 80
Chapter 2	Rights and Duties of the People	⋯ 84
Chapter 3	The National Assembly	⋯ 97
Chapter 4	The Government	⋯ 109
Chapter 5	The Courts	⋯ 125
Chapter 6	The Constitutional Court	⋯ 131
Chapter 7	Election Management	⋯ 134
Chapter 8	Local Autonomy	⋯ 137
Chapter 9	The Economy	⋯ 139
Chapter 10	Amendments to the Constitution	⋯ 144
	Addenda	⋯ 146

책을 들어가며

"대한민국은 민주공화국이다."
헌법 제1조 1항.
이 짧은 한 문장이 규정한 국가는, 국민이 주인이며 권력이 그로부터 비롯되는 나라다.
그러나 그 문장이 말하는 현실과, 우리가 살아내는 현실 사이에는 너무 자주, 너무 깊은 간극이 존재했다.

헌법은 법 중의 법이다.

개인과 개인이 만나 사회를 이루고, 사회가 모여 국가가 될 때 우리가 함께 살아가기 위해 세운 약속의 첫 문장이다.
그 안에는 우리가 지켜야 할 규칙만 있는 것이 아니다.
우리가 지켜져야 할 권리, 우리가 누려야 할 존엄, 그리고 국가가 반드시 따라야 할 방향이 담겨 있다.

헌법은 단지 국가의 통치 원리가 아니라,
한 인간이 인간답게 살기 위한 최후의 보루이자,
모든 억압과 불의 앞에 설 수 있는 가장 정당한 언어다.

그러나 묻는다.
과연 우리는, 헌법을 읽은 적이 있는가?

우리는 종종 "권력은 국민으로부터 나온다"거나 "집회·결사의 자유가 있다"는 식으로
헌법을 파편처럼 알고 있을 뿐,
그 전체를 처음부터 끝까지 읽은 이가 얼마나 되는가?
헌법이 우리 삶을 지켜줄 유일한 기반임에도,
그 책 한 권쯤은 가볍게 여겨왔다.

이제는 다르게 가야 한다.

국민이 헌법을 읽는 순간, 권력은 국민의 것이 된다.
헌법을 아는 사람은 더 이상 속지 않는다.
헌법을 아는 사람은 질문하고, 비판하고, 바꾸려 한다.
그때부터 진짜 민주공화국은 시작된다.

오늘의 대한민국이 진정 민주공화국이 되기를 바란다면,
우리는 헌법을 다시 펼쳐야 한다.
그 안에는 우리가 잊었던 '당연한 권리'가 있고,
너무 오래 미뤄왔던 '정의의 원칙'이 있다.
무너진 사회를 복원하고, 지워진 인간성을 회복하고 싶다면
우선 헌법을 읽어야 한다.

이 책은 그 첫걸음이다.

제 1 부

대한민국 헌법

전문

유구한 역사와 전통에 빛나는 우리 대한국민은 3·1운동으로 건립된 대한민국 임시정부의 법통과 불의에 항거한 4·19민주이념을 계승하고, 조국의 민주개혁과 평화적 통일의 사명에 입각하여 정의·인도와 동포애로써 민족의 단결을 공고히 하고, 모든 사회적 폐습과 불의를 타파하며, 자율과 조화를 바탕으로 자유민주적 기본질서를 더욱 확고히 하여 정치·경제·사회·문화의 모든 영역에 있어서 각인의 기회를 균등히 하고, 능력을 최고도로 발휘하게 하며, 자유와 권리에 따르는 책임과 의무를 완수하게 하여, 안으로는 국민생활의 균등한 향상을 기하고 밖으로는 항구적인 세계평화와 인류공영에 이바지함으로써 우리들과 우리들의 자손의 안전과 자유와 행복을 영원히 확보할 것을 다짐하면서 1948년 7월 12일에 제정[7]되고 8차에 걸쳐 개정한 헌법을 이제 국회의 의결을 거쳐 국민투표에 의하여 개정한다.

[시행 1988. 2. 25.] [헌법 제10호, 1987. 10. 29. 전부개정]

대한민국 헌법

공포   1948년 7월 17일
개정   1952년 7월 7일
        1954년 11월 29일
        1960년 6월 15일
        1962년 12월 26일
        1969년 10월 21일
        1972년 12월 27일
        1980년 10월 27일
현행   1987년 10월 28일

제1장

총강

제1조

① 대한민국은 민주공화국이다.
② 대한민국의 주권은 국민에게 있고, 모든 권력은 국민으로부터 나온다.

제2조

① 대한민국의 국민이 되는 요건은 법률로 정한다.
② 국가는 법률이 정하는 바에 의하여 재외국민을 보호할 의무를 진다.

제3조

대한민국의 영토는 한반도와 그 부속도서로 한다.

제4조

대한민국은 통일을 지향하며, 자유민주적 기본질서에 입각한 평화적 통일정책을 수립하고 이를 추진한다.

제5조

① 대한민국은 국제평화의 유지에 노력하고 침략적 전쟁을 부인한다.
② 국군은 국가의 안전보장과 국토방위의 신성한 의무를 수행함을 사명으로 하며, 그 정치적 중립성은 준수된다.

제6조

① 헌법에 의하여 체결·공포된 조약과 일반적으로 승인된 국제법규는 국내법과 같은 효력을 가진다.
② 외국인은 국제법과 조약이 정하는 바에 의하여 그 지위가 보장된다.

제7조

① 공무원은 국민전체에 대한 봉사자이며, 국민에 대하여 책임을 진다.

② 공무원의 신분과 정치적 중립성은 법률이 정하는 바에 의하여 보장된다.

제8조

① 정당의 설립은 자유이며, 복수정당제는 보장된다.

② 정당은 그 목적·조직과 활동이 민주적이어야 하며, 국민의 정치적 의사형성에 참여하는데 필요한 조직을 가져야 한다.

③ 정당은 법률이 정하는 바에 의하여 국가의 보호를 받으며, 국가는 법률이 정하는 바에 의하여 정당운영에 필요한 자금을 보조할 수 있다.

④ 정당의 목적이나 활동이 민주적 기본질서에 위배될 때에는 정부는 헌법재판소에 그 해산을 제소할 수 있고, 정당은 헌법재판소의 심판에 의하여 해산된다.

제9조

국가는 전통문화의 계승·발전과 민족문화의 창달에 노력하여야 한다.

제2장

국민의 권리와 의무

제10조

모든 국민은 인간으로서의 존엄과 가치를 가지며, 행복을 추구할 권리를 가진다. 국가는 개인이 가지는 불가침의 기본적 인권을 확인하고 이를 보장할 의무를 진다.

제11조

① 모든 국민은 법 앞에 평등하다. 누구든지 성별·종교 또는 사회적 신분에 의하여 정치적·경제적·사회적·문화적 생활의 모든 영역에 있어서 차별을 받지 아니한다.

② 사회적 특수계급의 제도는 인정되지 아니하며, 어떠한 형태로도 이를 창설할 수 없다.
③ 훈장등의 영전은 이를 받은 자에게만 효력이 있고, 어떠한 특권도 이에 따르지 아니한다.

제12조

① 모든 국민은 신체의 자유를 가진다. 누구든지 법률에 의하지 아니하고는 체포·구속·압수·수색 또는 심문을 받지 아니하며, 법률과 적법한 절차에 의하지 아니하고는 처벌·보안처분 또는 강제노역을 받지 아니한다.
② 모든 국민은 고문을 받지 아니하며, 형사상 자기에게 불리한 진술을 강요당하지 아니한다.
③ 체포·구속·압수 또는 수색을 할 때에는 적법한 절차에 따라 검사의 신청에 의하여 법관이 발부한 영장을 제시하여야 한다. 다만, 현행범인인 경우와 장기 3년 이상의 형에 해당하는 죄를 범하고 도피 또는 증거인멸의 염려가 있을 때에는 사후에 영장을 청구할 수 있다.
④ 누구든지 체포 또는 구속을 당한 때에는 즉시 변호인의 조력을 받을 권리를 가진다. 다만, 형사피고인이 스스로 변호인을 구할 수 없을 때에는 법률이 정하는 바에 의하여 국가가 변호인을 붙인다.

⑤ 누구든지 체포 또는 구속의 이유와 변호인의 조력을 받을 권리가 있음을 고지받지 아니하고는 체포 또는 구속을 당하지 아니한다. 체포 또는 구속을 당한 자의 가족 등 법률이 정하는 자에게는 그 이유와 일시·장소가 지체없이 통지되어야 한다.
⑥ 누구든지 체포 또는 구속을 당한 때에는 적부의 심사를 법원에 청구할 권리를 가진다.
⑦ 피고인의 자백이 고문·폭행·협박·구속의 부당한 장기화 또는 기망 기타의 방법에 의하여 자의로 진술된 것이 아니라고 인정될 때 또는 정식재판에 있어서 피고인의 자백이 그에게 불리한 유일한 증거일 때에는 이를 유죄의 증거로 삼거나 이를 이유로 처벌할 수 없다.

제13조

① 모든 국민은 행위시의 법률에 의하여 범죄를 구성하지 아니하는 행위로 소추되지 아니하며, 동일한 범죄에 대하여 거듭 처벌받지 아니한다.
② 모든 국민은 소급입법에 의하여 참정권의 제한을 받거나 재산권을 박탈당하지 아니한다.
③ 모든 국민은 자기의 행위가 아닌 친족의 행위로 인하여 불이익한 처우를 받지 아니한다.

제14조

모든 국민은 거주·이전의 자유를 가진다.

제15조

모든 국민은 직업선택의 자유를 가진다.

제16조

모든 국민은 주거의 자유를 침해받지 아니한다. 주거에 대한 압수나 수색을 할 때에는 검사의 신청에 의하여 법관이 발부한 영장을 제시하여야 한다.

제17조

모든 국민은 사생활의 비밀과 자유를 침해받지 아니한다.

제18조

모든 국민은 통신의 비밀을 침해받지 아니한다.

제19조

모든 국민은 양심의 자유를 가진다.

제20조

① 모든 국민은 종교의 자유를 가진다.

② 국교는 인정되지 아니하며, 종교와 정치는 분리된다.

제21조

① 모든 국민은 언론·출판의 자유와 집회·결사의 자유를 가진다.

② 언론·출판에 대한 허가나 검열과 집회·결사에 대한 허가는 인정되지 아니한다.

③ 통신·방송의 시설기준과 신문의 기능을 보장하기 위하여 필요한 사항은 법률로 정한다.

④ 언론·출판은 타인의 명예나 권리 또는 공중도덕이나 사회윤리를 침해하여서는 아니된다. 언론·출판이 타인의 명예나 권리를 침해한 때에는 피해자는 이에 대한 피해의 배상을 청구할 수 있다.

제22조

① 모든 국민은 학문과 예술의 자유를 가진다.

② 저작자·발명가·과학기술자와 예술가의 권리는 법률로써 보호한다.

제23조

① 모든 국민의 재산권은 보장된다. 그 내용과 한계는 법률로 정한다.
② 재산권의 행사는 공공복리에 적합하도록 하여야 한다.
③ 공공필요에 의한 재산권의 수용·사용 또는 제한 및 그에 대한 보상은 법률로써 하되, 정당한 보상을 지급하여야 한다.

제24조

모든 국민은 법률이 정하는 바에 의하여 선거권을 가진다.

제25조

모든 국민은 법률이 정하는 바에 의하여 공무담임권을 가진다.

제26조

① 모든 국민은 법률이 정하는 바에 의하여 국가기관에 문서로 청원할 권리를 가진다.
② 국가는 청원에 대하여 심사할 의무를 진다.

제27조

① 모든 국민은 헌법과 법률이 정한 법관에 의하여 법률에 의한 재판을 받을 권리를 가진다.
② 군인 또는 군무원이 아닌 국민은 대한민국의 영역 안에서는 중대한 군사상 기밀·초병·초소·유독음식물 공급·포로·군용물에 관한 죄중 법률이 정한 경우와 비상계엄이 선포된 경우를 제외하고는 군사법원의 재판을 받지 아니한다.
③ 모든 국민은 신속한 재판을 받을 권리를 가진다. 형사피고인은 상당한 이유가 없는 한 지체없이 공개재판을 받을 권리를 가진다.
④ 형사피고인은 유죄의 판결이 확정될 때까지는 무죄로 추정된다.
⑤ 형사피해자는 법률이 정하는 바에 의하여 당해 사건의 재판절차에서 진술할 수 있다.

제28조

형사피의자 또는 형사피고인으로서 구금되었던 자가법률이 정하는 불기소처분을 받거나 무죄판결을 받은 때에는 법률이 정하는 바에 의하여 국가에 정당한 보상을 청구할 수 있다.

제29조

① 공무원의 직무상 불법행위로 손해를 받은 국민은 법률이 정하는 바에 의하여 국가 또는 공공단체에 정당한 배상을 청구할 수 있다. 이 경우 공무원 자신의 책임은 면제되지 아니한다.

② 군인·군무원·경찰공무원 기타 법률이 정하는 자가 전투·훈련등 직무집행과 관련하여 받은 손해에 대하여는 법률이 정하는 보상 외에 국가 또는 공공단체에 공무원의 직무상 불법행위로 인한 배상은 청구할 수 없다.

제30조

타인의 범죄행위로 인하여 생명·신체에 대한 피해를 받은 국민은 법률이 정하는 바에 의하여 국가로부터 구조를 받을 수 있다.

제31조

① 모든 국민은 능력에 따라 균등하게 교육을 받을 권리를 가진다.

② 모든 국민은 그 보호하는 자녀에게 적어도 초등교육과 법률이 정하는 교육을 받게 할 의무를 진다.

③ 의무교육은 무상으로 한다.
④ 교육의 자주성·전문성·정치적 중립성 및 대학의 자율성은 법률이 정하는 바에 의하여 보장된다.
⑤ 국가는 평생교육을 진흥하여야 한다.
⑥ 학교교육 및 평생교육을 포함한 교육제도와 그 운영, 교육재정 및 교원의 지위에 관한 기본적인 사항은 법률로 정한다.

제32조
① 모든 국민은 근로의 권리를 가진다. 국가는 사회적·경제적 방법으로 근로자의 고용의 증진과 적정임금의 보장에 노력하여야 하며, 법률이 정하는 바에 의하여 최저임금제를 시행하여야 한다.
② 모든 국민은 근로의 의무를 진다. 국가는 근로의 의무의 내용과 조건을 민주주의원칙에 따라 법률로 정한다.
③ 근로조건의 기준은 인간의 존엄성을 보장하도록 법률로 정한다.
④ 여자의 근로는 특별한 보호를 받으며, 고용·임금 및 근로조건에 있어서 부당한 차별을 받지 아니한다.
⑤ 연소자의 근로는 특별한 보호를 받는다.
⑥ 국가유공자·상이군경 및 전몰군경의 유가족은 법률이

정하는 바에 의하여 우선적으로 근로의 기회를 부여받는다.

제33조
① 근로자는 근로조건의 향상을 위하여 자주적인 단결권 · 단체교섭권 및 단체행동권을 가진다.
② 공무원인 근로자는 법률이 정하는 자에 한하여 단결권 · 단체교섭권 및 단체행동권을 가진다.
③ 법률이 정하는 주요방위산업체에 종사하는 근로자의 단체행동권은 법률이 정하는 바에 의하여 이를 제한하거나 인정하지 아니할 수 있다.

제34조
① 모든 국민은 인간다운 생활을 할 권리를 가진다.
② 국가는 사회보장 · 사회복지의 증진에 노력할 의무를 진다.
③ 국가는 여자의 복지와 권익의 향상을 위하여 노력하여야 한다.
④ 국가는 노인과 청소년의 복지향상을 위한 정책을 실시할 의무를 진다.
⑤ 신체장애자 및 질병 · 노령 기타의 사유로 생활능력이

없는 국민은 법률이 정하는 바에 의하여 국가의 보호를 받는다.
⑥ 국가는 재해를 예방하고 그 위험으로부터 국민을 보호하기 위하여 노력하여야 한다.

제35조

① 모든 국민은 건강하고 쾌적한 환경에서 생활할 권리를 가지며, 국가와 국민은 환경보전을 위하여 노력하여야 한다.
② 환경권의 내용과 행사에 관하여는 법률로 정한다.
③ 국가는 주택개발정책등을 통하여 모든 국민이 쾌적한 주거생활을 할 수 있도록 노력하여야 한다.

제36조

① 혼인과 가족생활은 개인의 존엄과 양성의 평등을 기초로 성립되고 유지되어야 하며, 국가는 이를 보장한다.
② 국가는 모성의 보호를 위하여 노력하여야 한다.
③ 모든 국민은 보건에 관하여 국가의 보호를 받는다.

제37조

① 국민의 자유와 권리는 헌법에 열거되지 아니한 이유로

경시되지 아니한다.

② 국민의 모든 자유와 권리는 국가안전보장·질서유지 또는 공공복리를 위하여 필요한 경우에 한하여 법률로써 제한할 수 있으며, 제한하는 경우에도 자유와 권리의 본질적인 내용을 침해할 수 없다.

제38조

모든 국민은 법률이 정하는 바에 의하여 납세의 의무를 진다.

제39조

① 모든 국민은 법률이 정하는 바에 의하여 국방의 의무를 진다.

② 누구든지 병역의무의 이행으로 인하여 불이익한 처우를 받지 아니한다.

제3장
국회

제40조

입법권은 국회에 속한다.

제41조

① 국회는 국민의 보통·평등·직접·비밀선거에 의하여 선출된 국회의원으로 구성한다.
② 국회의원의 수는 법률로 정하되, 200인 이상으로 한다.
③ 국회의원의 선거구와 비례대표제 기타 선거에 관한 사항은 법률로 정한다.

제42조
국회의원의 임기는 4년으로 한다.

제43조
국회의원은 법률이 정하는 직을 겸할 수 없다.

제44조
① 국회의원은 현행범인인 경우를 제외하고는 회기 중 국회의 동의없이 체포 또는 구금되지 아니한다.
② 국회의원이 회기 전에 체포 또는 구금된 때에는 현행범인이 아닌 한 국회의 요구가 있으면 회기 중 석방된다.

제45조
국회의원은 국회에서 직무상 행한 발언과 표결에 관하여 국회 외에서 책임을 지지 아니한다.

제46조
① 국회의원은 청렴의 의무가 있다.
② 국회의원은 국가이익을 우선하여 양심에 따라 직무를 행한다.
③ 국회의원은 그 지위를 남용하여 국가·공공단체 또는

기업체와의 계약이나 그 처분에 의하여 재산상의 권리
· 이익 또는 직위를 취득하거나 타인을 위하여 그 취득
을 알선할 수 없다.

제47조
① 국회의 정기회는 법률이 정하는 바에 의하여 매년 1회 집회되며, 국회의 임시회는 대통령 또는 국회재적의원 4분의 1 이상의 요구에 의하여 집회된다.
② 정기회의 회기는 100일을, 임시회의 회기는 30일을 초과할 수 없다.
③ 대통령이 임시회의 집회를 요구할 때에는 기간과 집회 요구의 이유를 명시하여야 한다.

제48조
국회는 의장 1인과 부의장 2인을 선출한다.

제49조
국회는 헌법 또는 법률에 특별한 규정이 없는 한 재적의원 과반수의 출석과 출석의원 과반수의 찬성으로 의결한다. 가부동수인 때에는 부결된 것으로 본다.

제50조

① 국회의 회의는 공개한다. 다만, 출석의원 과반수의 찬성이 있거나 의장이 국가의 안전보장을 위하여 필요하다고 인정할 때에는 공개하지 아니할 수 있다.
② 공개하지 아니한 회의내용의 공표에 관하여는 법률이 정하는 바에 의한다.

제51조
국회에 제출된 법률안 기타의 의안은 회기 중에 의결되지 못한 이유로 폐기되지 아니한다. 다만, 국회의원의 임기가 만료된 때에는 그러하지 아니하다.

제52조
국회의원과 정부는 법률안을 제출할 수 있다.

제53조
① 국회에서 의결된 법률안은 정부에 이송되어 15일 이내에 대통령이 공포한다.
② 법률안에 이의가 있을 때에는 대통령은 제1항의 기간 내에 이의서를 붙여 국회로 환부하고, 그 재의를 요구할 수 있다. 국회의 폐회 중에도 또한 같다.
③ 대통령은 법률안의 일부에 대하여 또는 법률안을 수정

하여 재의를 요구할 수 없다.
④ 재의의 요구가 있을 때에는 국회는 재의에 붙이고, 재적의원 과반수의 출석과 출석의원 3분의 2 이상의 찬성으로 전과 같은 의결을 하면 그 법률안은 법률로서 확정된다.
⑤ 대통령이 제1항의 기간 내에 공포나 재의의 요구를 하지 아니한 때에도 그 법률안은 법률로서 확정된다.
⑥ 대통령은 제4항과 제5항의 규정에 의하여 확정된 법률을 지체없이 공포하여야 한다. 제5항에 의하여 법률이 확정된 후 또는 제4항에 의한 확정법률이 정부에 이송된 후 5일 이내에 대통령이 공포하지 아니할 때에는 국회의장이 이를 공포한다.
⑦ 법률은 특별한 규정이 없는 한 공포한 날로부터 20일을 경과함으로써 효력을 발생한다.

제54조
① 국회는 국가의 예산안을 심의·확정한다.
② 정부는 회계연도마다 예산안을 편성하여 회계연도 개시 90일 전까지 국회에 제출하고, 국회는 회계연도 개시 30일 전까지 이를 의결하여야 한다.
③ 새로운 회계연도가 개시될 때까지 예산안이 의결되지

못한 때에는 정부는 국회에서 예산안이 의결될 때까지 다음의 목적을 위한 경비는 전년도 예산에 준하여 집행할 수 있다.
1. 헌법이나 법률에 의하여 설치된 기관 또는 시설의 유지·운영
2. 법률상 지출의무의 이행
3. 이미 예산으로 승인된 사업의 계속

제55조

① 한 회계연도를 넘어 계속하여 지출할 필요가 있을 때에는 정부는 연한을 정하여 계속비로서 국회의 의결을 얻어야 한다.
② 예비비는 총액으로 국회의 의결을 얻어야 한다. 예비비의 지출은 차기국회의 승인을 얻어야 한다.

제56조

정부는 예산에 변경을 가할 필요가 있을 때에는 추가경정예산안을 편성하여 국회에 제출할 수 있다.

제57조

국회는 정부의 동의 없이 정부가 제출한 지출예산 각항의

금액을 증가하거나 새 비목을 설치할 수 없다.

제58조

국채를 모집하거나 예산 외에 국가의 부담이 될 계약을 체결하려 할 때에는 정부는 미리 국회의 의결을 얻어야 한다.

제59조

조세의 종목과 세율은 법률로 정한다.

제60조

① 국회는 상호원조 또는 안전보장에 관한 조약, 중요한 국제조직에 관한 조약, 우호통상항해조약, 주권의 제약에 관한 조약, 강화조약, 국가나 국민에게 중대한 재정적 부담을 지우는 조약 또는 입법사항에 관한 조약의 체결·비준에 대한 동의권을 가진다.
② 국회는 선전포고, 국군의 외국에의 파견 또는 외국군대의 대한민국 영역 안에서의 주류에 대한 동의권을 가진다.

제61조

① 국회는 국정을 감사하거나 특정한 국정사안에 대하여 조사할 수 있으며, 이에 필요한 서류의 제출 또는 증인의 출석과 증언이나 의견의 진술을 요구할 수 있다.

② 국정감사 및 조사에 관한 절차 기타 필요한 사항은 법률로 정한다.

제62조

① 국무총리 · 국무위원 또는 정부위원은 국회나 그 위원회에 출석하여 국정처리상황을 보고하거나 의견을 진술하고 질문에 응답할 수 있다.

② 국회나 그 위원회의 요구가 있을 때에는 국무총리 · 국무위원 또는 정부위원은 출석 · 답변하여야 하며, 국무총리 또는 국무위원이 출석요구를 받은 때에는 국무위원 또는 정부위원으로 하여금 출석 · 답변하게 할 수 있다.

제63조

① 국회는 국무총리 또는 국무위원의 해임을 대통령에게 건의할 수 있다.

② 제1항의 해임건의는 국회재적의원 3분의 1 이상의 발

의에 의하여 국회재적의원 과반수의 찬성이 있어야 한다.

제64조

① 국회는 법률에 저촉되지 아니하는 범위 안에서 의사와 내부규율에 관한 규칙을 제정할 수 있다.
② 국회는 의원의 자격을 심사하며, 의원을 징계할 수 있다.
③ 의원을 제명하려면 국회재적의원 3분의 2 이상의 찬성이 있어야 한다.
④ 제2항과 제3항의 처분에 대하여는 법원에 제소할 수 없다.

제65조

① 대통령·국무총리·국무위원·행정각부의 장·헌법재판소 재판관·법관·중앙선거관리위원회 위원·감사원장·감사위원 기타 법률이 정한 공무원이 그 직무집행에 있어서 헌법이나 법률을 위배한 때에는 국회는 탄핵의 소추를 의결할 수 있다.
② 제1항의 탄핵소추는 국회재적의원 3분의 1 이상의 발의가 있어야 하며, 그 의결은 국회재적의원 과반수의 찬

성이 있어야 한다. 다만, 대통령에 대한 탄핵소추는 국회재적의원 과반수의 발의와 국회재적의원 3분의 2 이상의 찬성이 있어야 한다.
③ 탄핵소추의 의결을 받은 자는 탄핵심판이 있을 때까지 그 권한행사가 정지된다.
④ 탄핵결정은 공직으로부터 파면함에 그친다. 그러나, 이에 의하여 민사상이나 형사상의 책임이 면제되지는 아니한다.

제4장

정부

제1절 대통령

제66조

① 대통령은 국가의 원수이며, 외국에 대하여 국가를 대표한다.

② 대통령은 국가의 독립·영토의 보전·국가의 계속성과 헌법을 수호할 책무를 진다.

③ 대통령은 조국의 평화적 통일을 위한 성실한 의무를 진다.

④ 행정권은 대통령을 수반으로 하는 정부에 속한다.

제67조

① 대통령은 국민의 보통 · 평등 · 직접 · 비밀선거에 의하여 선출한다.
② 제1항의 선거에 있어서 최고득표자가 2인 이상인 때에는 국회의 재적의원 과반수가 출석한 공개회의에서 다수표를 얻은 자를 당선자로 한다.
③ 대통령후보자가 1인일 때에는 그 득표수가 선거권자 총수의 3분의 1 이상이 아니면 대통령으로 당선될 수 없다.
④ 대통령으로 선거될 수 있는 자는 국회의원의 피선거권이 있고 선거일 현재 40세에 달하여야 한다.
⑤ 대통령의 선거에 관한 사항은 법률로 정한다.

제68조

① 대통령의 임기가 만료되는 때에는 임기만료 70일 내지 40일 전에 후임자를 선거한다.
② 대통령이 궐위된 때 또는 대통령 당선자가 사망하거나 판결 기타의 사유로 그 자격을 상실한 때에는 60일 이내에 후임자를 선거한다.

제69조

대통령은 취임에 즈음하여 다음의 선서를 한다. "나는 헌법을 준수하고 국가를 보위하며 조국의 평화적 통일과 국민의 자유와 복리의 증진 및 민족문화의 창달에 노력하여 대통령으로서의 직책을 성실히 수행할 것을 국민 앞에 엄숙히 선서합니다."

제70조

대통령의 임기는 5년으로 하며, 중임할 수 없다.

제71조

대통령이 궐위되거나 사고로 인하여 직무를 수행할 수 없을 때에는 국무총리, 법률이 정한 국무위원의 순서로 그 권한을 대행한다.

제72조

대통령은 필요하다고 인정할 때에는 외교 · 국방 · 통일 기타 국가안위에 관한 중요정책을 국민투표에 붙일 수 있다.

제73조

대통령은 조약을 체결·비준하고, 외교사절을 신임·접수 또는 파견하며, 선전포고와 강화를 한다.

제74조

① 대통령은 헌법과 법률이 정하는 바에 의하여 국군을 통수한다.
② 국군의 조직과 편성은 법률로 정한다.

제75조

대통령은 법률에서 구체적으로 범위를 정하여 위임받은 사항과 법률을 집행하기 위하여 필요한 사항에 관하여 대통령령을 발할 수 있다.

제76조

① 대통령은 내우·외환·천재·지변 또는 중대한 재정·경제상의 위기에 있어서 국가의 안전보장 또는 공공의 안녕질서를 유지하기 위하여 긴급한 조치가 필요하고 국회의 집회를 기다릴 여유가 없을 때에 한하여 최소한으로 필요한 재정·경제상의 처분을 하거나 이에 관하여 법률의 효력을 가지는 명령을 발할 수 있다.

② 대통령은 국가의 안위에 관계되는 중대한 교전상태에 있어서 국가를 보위하기 위하여 긴급한 조치가 필요하고 국회의 집회가 불가능한 때에 한하여 법률의 효력을 가지는 명령을 발할 수 있다.
③ 대통령은 제1항과 제2항의 처분 또는 명령을 한 때에는 지체없이 국회에 보고하여 그 승인을 얻어야 한다.
④ 제3항의 승인을 얻지 못한 때에는 그 처분 또는 명령은 그때부터 효력을 상실한다. 이 경우 그 명령에 의하여 개정 또는 폐지되었던 법률은 그 명령이 승인을 얻지 못한 때부터 당연히 효력을 회복한다.
⑤ 대통령은 제3항과 제4항의 사유를 지체없이 공포하여야 한다.

제77조

① 대통령은 전시·사변 또는 이에 준하는 국가비상사태에 있어서 병력으로써 군사상의 필요에 응하거나 공공의 안녕질서를 유지할 필요가 있을 때에는 법률이 정하는 바에 의하여 계엄을 선포할 수 있다.
② 계엄은 비상계엄과 경비계엄으로 한다.
③ 비상계엄이 선포된 때에는 법률이 정하는 바에 의하여 영장제도, 언론·출판·집회·결사의 자유, 정부나 법

원의 권한에 관하여 특별한 조치를 할 수 있다.
④ 계엄을 선포한 때에는 대통령은 지체없이 국회에 통고하여야 한다.
⑤ 국회가 재적의원 과반수의 찬성으로 계엄의 해제를 요구한 때에는 대통령은 이를 해제하여야 한다.

제78조
대통령은 헌법과 법률이 정하는 바에 의하여 공무원을 임면한다.

제79조
① 대통령은 법률이 정하는 바에 의하여 사면·감형 또는 복권을 명할 수 있다.
② 일반사면을 명하려면 국회의 동의를 얻어야 한다.
③ 사면·감형 및 복권에 관한 사항은 법률로 정한다.

제80조
대통령은 법률이 정하는 바에 의하여 훈장 기타의 영전을 수여한다.

제81조

대통령은 국회에 출석하여 발언하거나 서한으로 의견을 표시할 수 있다.

제82조

대통령의 국법상 행위는 문서로써 하며, 이 문서에는 국무총리와 관계 국무위원이 부서한다. 군사에 관한 것도 또한 같다.

제83조

대통령은 국무총리·국무위원·행정각부의 장 기타 법률이 정하는 공사의 직을 겸할 수 없다.

제84조

대통령은 내란 또는 외환의 죄를 범한 경우를 제외하고는 재직 중 형사상의 소추를 받지 아니한다.

제85조

전직대통령의 신분과 예우에 관하여는 법률로 정한다.

제2절 행정부

제1관 국무총리와 국무위원

제86조
① 국무총리는 국회의 동의를 얻어 대통령이 임명한다.
② 국무총리는 대통령을 보좌하며, 행정에 관하여 대통령의 명을 받아 행정각부를 통할한다.
③ 군인은 현역을 면한 후가 아니면 국무총리로 임명될 수 없다.

제87조
① 국무위원은 국무총리의 제청으로 대통령이 임명한다.
② 국무위원은 국정에 관하여 대통령을 보좌하며, 국무회의의 구성원으로서 국정을 심의한다.
③ 국무총리는 국무위원의 해임을 대통령에게 건의할 수 있다.
④ 군인은 현역을 면한 후가 아니면 국무위원으로 임명될 수 없다.

제2관 국무회의

제88조

① 국무회의는 정부의 권한에 속하는 중요한 정책을 심의한다.
② 국무회의는 대통령·국무총리와 15인 이상 30인 이하의 국무위원으로 구성한다.
③ 대통령은 국무회의의 의장이 되고, 국무총리는 부의장이 된다.

제89조

다음 사항은 국무회의의 심의를 거쳐야 한다.
1. 국정의 기본계획과 정부의 일반정책
2. 선전·강화 기타 중요한 대외정책
3. 헌법개정안·국민투표안·조약안·법률안 및 대통령령안
4. 예산안·결산·국유재산처분의 기본계획·국가의 부담이 될 계약 기타 재정에 관한 중요사항
5. 대통령의 긴급명령·긴급재정경제처분 및 명령 또는 계엄과 그 해제
6. 군사에 관한 중요사항

7. 국회의 임시회 집회의 요구
8. 영전수여
9. 사면·감형과 복권
10. 행정각부간의 권한의 획정
11. 정부 안의 권한의 위임 또는 배정에 관한 기본계획
12. 국정처리상황의 평가·분석
13. 행정각부의 중요한 정책의 수립과 조정
14. 정당해산의 제소
15. 정부에 제출 또는 회부된 정부의 정책에 관계되는 청원의 심사
16. 검찰총장·합동참모의장·각군참모총장·국립대학교총장·대사 기타 법률이 정한 공무원과 국영기업체관리자의 임명
17. 기타 대통령·국무총리 또는 국무위원이 제출한 사항

제90조

① 국정의 중요한 사항에 관한 대통령의 자문에 응하기 위하여 국가원로로 구성되는 국가원로자문회의를 둘 수 있다.
② 국가원로자문회의의 의장은 직전대통령이 된다. 다만, 직전대통령이 없을 때에는 대통령이 지명한다.

③ 국가원로자문회의의 조직·직무범위 기타 필요한 사항은 법률로 정한다.

제91조

① 국가안전보장에 관련되는 대외정책·군사정책과 국내정책의 수립에 관하여 국무회의의 심의에 앞서 대통령의 자문에 응하기 위하여 국가안전보장회의를 둔다.
② 국가안전보장회의는 대통령이 주재한다.
③ 국가안전보장회의의 조직·직무범위 기타 필요한 사항은 법률로 정한다.

제92조

① 평화통일정책의 수립에 관한 대통령의 자문에 응하기 위하여 민주평화통일자문회의를 둘 수 있다.
② 민주평화통일자문회의의 조직·직무범위 기타 필요한 사항은 법률로 정한다.

제93조

① 국민경제의 발전을 위한 중요정책의 수립에 관하여 대통령의 자문에 응하기 위하여 국민경제자문회의를 둘 수 있다.

② 국민경제자문회의의 조직·직무범위 기타 필요한 사항은 법률로 정한다.

제3관 행정각부

제94조
행정각부의 장은 국무위원 중에서 국무총리의 제청으로 대통령이 임명한다.

제95조
국무총리 또는 행정각부의 장은 소관사무에 관하여 법률이나 대통령령의 위임 또는 직권으로 총리령 또는 부령을 발할 수 있다.

제96조
행정각부의 설치·조직과 직무범위는 법률로 정한다.

제4관 감사원

제97조
국가의 세입·세출의 결산, 국가 및 법률이 정한 단체의 회계검사와 행정기관 및 공무원의 직무에 관한 감찰을 하기 위하여 대통령 소속하에 감사원을 둔다.

제98조
① 감사원은 원장을 포함한 5인 이상 11인 이하의 감사위원으로 구성한다.
② 원장은 국회의 동의를 얻어 대통령이 임명하고, 그 임기는 4년으로 하며, 1차에 한하여 중임할 수 있다.
③ 감사위원은 원장의 제청으로 대통령이 임명하고, 그 임기는 4년으로 하며, 1차에 한하여 중임할 수 있다.

제99조
감사원은 세입·세출의 결산을 매년 검사하여 대통령과 차년도국회에 그 결과를 보고하여야 한다.

제100조
감사원의 조직·직무범위·감사위원의 자격·감사대상공무원의 범위 기타 필요한 사항은 법률로 정한다.

제5장

법원

제101조

① 사법권은 법관으로 구성된 법원에 속한다.

② 법원은 최고법원인 대법원과 각급법원으로 조직된다.

③ 법관의 자격은 법률로 정한다.

제102조

① 대법원에 부를 둘 수 있다.

② 대법원에 대법관을 둔다. 다만, 법률이 정하는 바에 의

하여 대법관이 아닌 법관을 둘 수 있다.
③ 대법원과 각급법원의 조직은 법률로 정한다.

제103조

법관은 헌법과 법률에 의하여 그 양심에 따라 독립하여 심판한다.

제104조

① 대법원장은 국회의 동의를 얻어 대통령이 임명한다.
② 대법관은 대법원장의 제청으로 국회의 동의를 얻어 대통령이 임명한다.
③ 대법원장과 대법관이 아닌 법관은 대법관회의의 동의를 얻어 대법원장이 임명한다.

제105조

① 대법원장의 임기는 6년으로 하며, 중임할 수 없다.
② 대법관의 임기는 6년으로 하며, 법률이 정하는 바에 의하여 연임할 수 있다.
③ 대법원장과 대법관이 아닌 법관의 임기는 10년으로 하며, 법률이 정하는 바에 의하여 연임할 수 있다.
④ 법관의 정년은 법률로 정한다.

제106조

① 법관은 탄핵 또는 금고 이상의 형의 선고에 의하지 아니하고는 파면되지 아니하며, 징계처분에 의하지 아니하고는 정직·감봉 기타 불리한 처분을 받지 아니한다.
② 법관이 중대한 심신상의 장해로 직무를 수행할 수 없을 때에는 법률이 정하는 바에 의하여 퇴직하게 할 수 있다.

제107조

① 법률이 헌법에 위반되는 여부가 재판의 전제가 된 경우에는 법원은 헌법재판소에 제청하여 그 심판에 의하여 재판한다.
② 명령·규칙 또는 처분이 헌법이나 법률에 위반되는 여부가 재판의 전제가 된 경우에는 대법원은 이를 최종적으로 심사할 권한을 가진다.
③ 재판의 전심절차로서 행정심판을 할 수 있다. 행정심판의 절차는 법률로 정하되, 사법절차가 준용되어야 한다.

제108조

대법원은 법률에 저촉되지 아니하는 범위 안에서 소송에 관한 절차, 법원의 내부규율과 사무처리에 관한 규칙을 제정할 수 있다.

제109조

재판의 심리와 판결은 공개한다. 다만, 심리는 국가의 안전보장 또는 안녕질서를 방해하거나 선량한 풍속을 해할 염려가 있을 때에는 법원의 결정으로 공개하지 아니할 수 있다.

제110조

① 군사재판을 관할하기 위하여 특별법원으로서 군사법원을 둘 수 있다.
② 군사법원의 상고심은 대법원에서 관할한다.
③ 군사법원의 조직·권한 및 재판관의 자격은 법률로 정한다.
④ 비상계엄하의 군사재판은 군인·군무원의 범죄나 군사에 관한 간첩죄의 경우와 초병·초소·유독음식물공급·포로에 관한 죄 중 법률이 정한 경우에 한하여 단심으로 할 수 있다. 다만, 사형을 선고한 경우에는 그러하지 아니하다.

제6장
헌법재판소

제111조

① 헌법재판소는 다음 사항을 관장한다.
  1) 법원의 제청에 의한 법률의 위헌여부 심판
  2) 탄핵의 심판
  3) 정당의 해산 심판
  4) 국가기관 상호간, 국가기관과 지방자치단체간 및 지방자치단체 상호간의 권한쟁의에 관한 심판
  5) 법률이 정하는 헌법소원에 관한 심판
② 헌법재판소는 법관의 자격을 가진 9인의 재판관으로 구

성하며, 재판관은 대통령이 임명한다.
③ 제2항의 재판관중 3인은 국회에서 선출하는 자를, 3인은 대법원장이 지명하는 자를 임명한다.
④ 헌법재판소의 장은 국회의 동의를 얻어 재판관 중에서 대통령이 임명한다.

제112조
① 헌법재판소 재판관의 임기는 6년으로 하며, 법률이 정하는 바에 의하여 연임할 수 있다.
② 헌법재판소 재판관은 정당에 가입하거나 정치에 관여할 수 없다.
③ 헌법재판소 재판관은 탄핵 또는 금고 이상의 형의 선고에 의하지 아니하고는 파면되지 아니한다.

제113조
① 헌법재판소에서 법률의 위헌결정, 탄핵의 결정, 정당해산의 결정 또는 헌법소원에 관한 인용결정을 할 때에는 재판관 6인 이상의 찬성이 있어야 한다.
② 헌법재판소는 법률에 저촉되지 아니하는 범위 안에서 심판에 관한 절차, 내부규율과 사무처리에 관한 규칙을 제정할 수 있다.

③ 헌법재판소의 조직과 운영 기타 필요한 사항은 법률로 정한다.

제7장

선거관리

제114조

① 선거와 국민투표의 공정한 관리 및 정당에 관한 사무를 처리하기 위하여 선거관리위원회를 둔다.
② 중앙선거관리위원회는 대통령이 임명하는 3인, 국회에서 선출하는 3인과 대법원장이 지명하는 3인의 위원으로 구성한다. 위원장은 위원 중에서 호선한다.
③ 위원의 임기는 6년으로 한다.
④ 위원은 정당에 가입하거나 정치에 관여할 수 없다.
⑤ 위원은 탄핵 또는 금고 이상의 형의 선고에 의하지 아니

하고는 파면되지 아니한다.

⑥ 중앙선거관리위원회는 법령의 범위 안에서 선거관리·국민투표관리 또는 정당사무에 관한 규칙을 제정할 수 있으며, 법률에 저촉되지 아니하는 범위 안에서 내부규율에 관한 규칙을 제정할 수 있다.

⑦ 각급 선거관리위원회의 조직·직무범위 기타 필요한 사항은 법률로 정한다.

제115조

① 각급 선거관리위원회는 선거인명부의 작성 등 선거사무와 국민투표사무에 관하여 관계 행정기관에 필요한 지시를 할 수 있다.

② 제1항의 지시를 받은 당해 행정기관은 이에 응하여야 한다.

제116조

① 선거운동은 각급 선거관리위원회의 관리하에 법률이 정하는 범위 안에서 하되, 균등한 기회가 보장되어야 한다.

② 선거에 관한 경비는 법률이 정하는 경우를 제외하고는 정당 또는 후보자에게 부담시킬 수 없다.

제8장

지방자치

제117조

① 지방자치단체는 주민의 복리에 관한 사무를 처리하고 재산을 관리하며, 법령의 범위 안에서 자치에 관한 규정을 제정할 수 있다.

② 지방자치단체의 종류는 법률로 정한다.

제118조

① 지방자치단체에 의회를 둔다.

② 지방의회의 조직·권한·의원선거와 지방자치단체의 장의 선임방법 기타 지방자치단체의 조직과 운영에 관한 사항은 법률로 정한다.

제9장

경제

제119조

① 대한민국의 경제질서는 개인과 기업의 경제상의 자유와 창의를 존중함을 기본으로 한다.
② 국가는 균형있는 국민경제의 성장 및 안정과 적정한 소득의 분배를 유지하고, 시장의 지배와 경제력의 남용을 방지하며, 경제주체간의 조화를 통한 경제의 민주화를 위하여 경제에 관한 규제와 조정을 할 수 있다.

제120조

① 광물 기타 중요한 지하자원·수산자원·수력과 경제상 이용할 수 있는 자연력은 법률이 정하는 바에 의하여 일정한 기간 그 채취·개발 또는 이용을 특허할 수 있다.

② 국토와 자원은 국가의 보호를 받으며, 국가는 그 균형있는 개발과 이용을 위하여 필요한 계획을 수립한다.

제121조

① 국가는 농지에 관하여 경자유전의 원칙이 달성될 수 있도록 노력하여야 하며, 농지의 소작제도는 금지된다.

② 농업생산성의 제고와 농지의 합리적인 이용을 위하거나 불가피한 사정으로 발생하는 농지의 임대차와 위탁경영은 법률이 정하는 바에 의하여 인정된다.

제122조

국가는 국민 모두의 생산 및 생활의 기반이 되는 국토의 효율적이고 균형있는 이용·개발과 보전을 위하여 법률이 정하는 바에 의하여 그에 관한 필요한 제한과 의무를 과할 수 있다.

제123조

① 국가는 농업 및 어업을 보호·육성하기 위하여 농·어촌종합개발과 그 지원등 필요한 계획을 수립·시행하여야 한다.

② 국가는 지역간의 균형있는 발전을 위하여 지역경제를 육성할 의무를 진다.

③ 국가는 중소기업을 보호·육성하여야 한다.

④ 국가는 농수산물의 수급균형과 유통구조의 개선에 노력하여 가격안정을 도모함으로써 농·어민의 이익을 보호한다.

⑤ 국가는 농·어민과 중소기업의 자조조직을 육성하여야 하며, 그 자율적 활동과 발전을 보장한다.

제124조

국가는 건전한 소비행위를 계도하고 생산품의 품질향상을 촉구하기 위한 소비자보호운동을 법률이 정하는 바에 의하여 보장한다.

제125조

국가는 대외무역을 육성하며, 이를 규제·조정할 수 있다.

제126조

국방상 또는 국민경제상 긴절한 필요로 인하여 법률이 정하는 경우를 제외하고는, 사영기업을 국유 또는 공유로 이전하거나 그 경영을 통제 또는 관리할 수 없다.

제127조

① 국가는 과학기술의 혁신과 정보 및 인력의 개발을 통하여 국민경제의 발전에 노력하여야 한다.
② 국가는 국가표준제도를 확립한다.
③ 대통령은 제1항의 목적을 달성하기 위하여 필요한 자문기구를 둘 수 있다.

제10장

헌법개정

제128조

① 헌법개정은 국회재적의원 과반수 또는 대통령의 발의로 제안된다.
② 대통령의 임기연장 또는 중임변경을 위한 헌법개정은 그 헌법개정 제안 당시의 대통령에 대하여는 효력이 없다.

제129조

제안된 헌법개정안은 대통령이 20일 이상의 기간 이를 공고하여야 한다.

제130조

① 국회는 헌법개정안이 공고된 날로부터 60일 이내에 의결하여야 하며, 국회의 의결은 재적의원 3분의 2 이상의 찬성을 얻어야 한다.
② 헌법개정안은 국회가 의결한 후 30일 이내에 국민투표에 붙여 국회의원선거권자 과반수의 투표와 투표자 과반수의 찬성을 얻어야 한다.
③ 헌법개정안이 제2항의 찬성을 얻은 때에는 헌법개정은 확정되며, 대통령은 즉시 이를 공포하여야 한다.

부칙
⟨헌법 제10호, 1987. 10. 29⟩

제1조

이 헌법은 1988년 2월 25일부터 시행한다. 다만, 이 헌법을 시행하기 위하여 필요한 법률의 제정·개정과 이 헌법에 의한 대통령 및 국회의원의 선거 기타 이 헌법시행에 관한 준비는 이 헌법시행 전에 할 수 있다.

제2조

① 이 헌법에 의한 최초의 대통령선거는 이 헌법시행일 40일 전까지 실시한다.
② 이 헌법에 의한 최초의 대통령의 임기는 이 헌법시행일로부터 개시한다.

제3조

① 이 헌법에 의한 최초의 국회의원선거는 이 헌법공포일로부터 6월 이내에 실시하며, 이 헌법에 의하여 선출된 최초의 국회의원의 임기는 국회의원선거후 이 헌법에 의한 국회의 최초의 집회일로부터 개시한다.
② 이 헌법공포 당시의 국회의원의 임기는 제1항에 의한 국회의 최초의 집회일 전일까지로 한다.

제4조

① 이 헌법시행 당시의 공무원과 정부가 임명한 기업체의 임원은 이 헌법에 의하여 임명된 것으로 본다. 다만, 이

헌법에 의하여 선임방법이나 임명권자가 변경된 공무원과 대법원장 및 감사원장은 이 헌법에 의하여 후임자가 선임될 때까지 그 직무를 행하며, 이 경우 전임자인 공무원의 임기는 후임자가 선임되는 전일까지로 한다.
② 이 헌법시행 당시의 대법원장과 대법원판사가 아닌 법관은 제1항 단서의 규정에 불구하고 이 헌법에 의하여 임명된 것으로 본다.
③ 이 헌법 중 공무원의 임기 또는 중임제한에 관한 규정은 이 헌법에 의하여 그 공무원이 최초로 선출 또는 임명된 때로부터 적용한다.

제5조

이 헌법시행 당시의 법령과 조약은 이 헌법에 위배되지 아니하는 한 그 효력을 지속한다.

제6조

이 헌법시행 당시에 이 헌법에 의하여 새로 설치될 기관의 권한에 속하는 직무를 행하고 있는 기관은 이 헌법에 의하여 새로운 기관이 설치될 때까지 존속하며 그 직무를 행한

제 2 부

Constitution of the Republic of Korea

다.

INTRODUCTION

"The Republic of Korea is a democratic republic."
— Constitution, Article 1 § 1

In this single, short sentence lies a nation where the people are sovereign and all power flows from them. Yet between the reality the sentence promises and the reality we live, a deep, persistent gap has too often opened.

The Constitution is the law of laws. When individuals gather into a society, and societies form a state, it becomes the first line of the covenant we make to live together. Inside it are not only the rules we must obey, but also the rights that must be protected, the dignity we deserve, and the path the state must unfailingly follow.

The Constitution is more than a blueprint for governance. It is the final safeguard that lets a human being live as a human being—the most legitimate language with which to confront every form of oppression and injustice.

And yet we must ask: Have we ever actually read it?

We know fragments—"All power emanates from the people," "Freedom of assembly and association shall be guaranteed"—but how many of us have read the entire text, word for word? Although the Constitution is the only bedrock that can truly shield our lives, we have treated that single volume lightly.

That must change. The moment people read the Constitution, power returns to them. Those who know the Constitution will no longer be deceived. They will question, criticize, and demand reform.

Only then does a true democratic republic begin.

If we want today's Korea to become a genuine democratic republic, we must open the Constitution again. Inside, we will rediscover the self-evident rights we forgot and the principles of justice we have postponed too long. To rebuild a fractured society and restore our shared humanity, we must first read the Constitution.

This book is the first step.

PREAMBLE

We, the people of the Republic of Korea, heirs to a long-standing history and tradition, uphold the lawful lineage of the Provisional Government born of the March First Independence Movement. We inherit the democratic ideals of the April 19 Revolution that rose against injustice, and, guided by the mission of democratic reform and the peaceful reunification of our homeland, resolve to strengthen national unity with justice, humanity, and fraternal love.

We vow to root out every social evil and all forms of injustice. On the basis of autonomy and harmony, we will anchor an even firmer liberal-democratic order. In every political, economic, social, and cultural sphere, we will guarantee equal opportunity, enable every person to realize the fullest measure of talent, and ensure that the duties and responsibilities that accompany freedom and rights are faithfully discharged.

At home, we will pursue balanced improvement in the living standards of all citizens. Abroad, we will contribute to lasting world peace and the common prosperity of humankind. In doing so, we pledge to secure, for ourselves and our posterity, everlasting safety, freedom, and happiness.

Therefore, through resolution of the National Assembly and approval by national referendum, we hereby amend the Constitution first enacted on 12 July 1948 and subsequently revised eight times.

Adopted 29 October 1987 — in force 25 February 1988

Chapter 1.

General Provisions

Article 1

1. The Republic of Korea is a democratic republic.
2. Sovereignty resides in the people, and all state authority emanates from the people.

Article 2

1. Requirements for acquiring Korean nationality are prescribed by law.

2. The State has the duty to protect overseas Koreans, as provided by law.

Article 3

The territory of the Republic of Korea consists of the Korean Peninsula and its adjacent islands.

Article 4

The Republic of Korea seeks national unification and shall formulate and pursue a peaceful unification policy founded on liberal-democratic principles.

Article 5

1. The Republic of Korea endeavors to maintain international peace and renounces aggressive war.
2. The Armed Forces exist to safeguard national security and defend the territory; their political neutrality shall be maintained.

Article 6

1. Treaties duly concluded and promulgated under the Constitution, and the generally recognized rules of international law, have the same effect as domestic law.
2. The status of aliens is guaranteed as provided by international law and treaties.

Article 7

1. Public officials are servants of the entire people and are accountable to the people.
2. Their status and political neutrality are guaranteed under conditions prescribed by law.

Article 8

1. The establishment of political parties is free, and a multi-party system is guaranteed.
2. A political party's objectives, organization, and activities must be democratic, and it must possess the necessary structure to help shape the

political will of the people.
3. Political parties receive state protection as prescribed by law, and the State may subsidize their operating funds according to law.
4. If a party's objectives or activities violate the basic democratic order, the Government may petition the Constitutional Court for its dissolution; the party shall be dissolved by decision of that Court.

Article 9

The State shall endeavor to inherit and develop traditional culture and to promote national culture.

Chapter 2.
Rights and Duties of the People

Article 10

1. All citizens possess human dignity and worth and have the right to pursue happiness.
2. The State shall confirm and guarantee the inviolable fundamental human rights of every individual.

Article 11

1. All citizens are equal before the law. No one shall be discriminated against in political, economic, social, or cultural life on account of sex, religion, or social status.
2. No system of hereditary privilege shall be recognized, nor may one be created in any form.
3. Orders of honor and decorations take effect only for their recipients and confer no privilege.

Article 12

1. All citizens enjoy personal liberty. No one may be arrested, detained, searched, seized, or interrogated except by law, nor punished, subjected to security measures, or forced to labor except by law and due process.
2. No one shall be tortured or compelled to testify against oneself.
3. Arrest, detention, seizure, or search requires a warrant issued by a judge upon the

prosecutor's request. In cases of flagrant offense or of crimes punishable by imprisonment for three years or more where flight or evidence destruction is feared, a warrant may be sought afterward.
4. Anyone arrested or detained has the right to assistance of counsel without delay; where a defendant cannot secure counsel, the State shall appoint one as provided by law.
5. No one shall be arrested or detained without being informed of the grounds and of the right to counsel; family members specified by law shall be notified without delay of the reason, time, and place.
6. Anyone arrested or detained may request a court review of the legality of the arrest or detention.
7. A confession obtained by torture, violence, threat, prolonged detention, deceit, or any involuntary means—or a confession that is the sole evidence against the defendant—shall not be used to prove guilt or as a basis for punishment.

Article 13

1. No citizen shall be prosecuted for an act that was not a crime at the time of commission, nor punished twice for the same offense.
2. No citizen shall lose voting rights or property by retroactive legislation.
3. No citizen shall suffer adverse treatment for acts of relatives.

Article 14

All citizens have the freedom to choose their residence and to move.

Article 15

All citizens have the freedom to choose their occupation.

Article 16

All citizens are free from intrusion into their homes. Searches or seizures of a dwelling require a warrant issued by a judge upon the prosecutor's request.

Article 17

The privacy and freedom of all citizens shall not be violated.

Article 18

The secrecy of correspondence of all citizens shall not be violated.

Article 19

All citizens have freedom of conscience.

Article 20

1. All citizens enjoy freedom of religion.
2. No state religion shall be recognized, and religion and state are separated.

Article 21

1. All citizens have freedom of speech and the press, and freedom of assembly and association.
2. Licensing or censorship of speech or the press,

and licensing of assembly or association, shall not be permitted.
3. Matters needed to ensure broadcast facilities and newspaper functions shall be prescribed by law.
4. Speech and the press shall not violate the honor or rights of others, nor public morals or social ethics. Where they do, the injured party may claim damages.

Article 22

1. All citizens have freedom of learning and the arts.
2. The rights of authors, inventors, scientists, engineers, and artists are protected by law.

Article 23

1. Citizens' property rights are guaranteed; their content and limits are determined by law.
2. The exercise of property rights shall conform to public welfare.
3. Expropriation, use, or restriction of property for

public necessity and compensation therefor shall be by law, and just compensation shall be paid.

Article 24

All citizens have the right to vote as prescribed by law.

Article 25

All citizens have the right to hold public office as prescribed by law.

Article 26

1. All citizens may petition state organs in writing as prescribed by law.
2. The State must examine such petitions.

Article 27

1. All citizens have the right to trial by judges qualified under the Constitution and law.
2. Except as otherwise provided by law for certain military offenses or under martial law, civilians

shall not be tried in military courts.
3. All citizens have the right to a speedy trial. A criminal defendant is entitled to a public trial without undue delay.
4. A criminal defendant is presumed innocent until a guilty verdict becomes final.
5. Crime victims may make statements in the proceedings as provided by law.

Article 28

A person arrested, detained, or convicted who is not prosecuted or is acquitted may claim just compensation from the State as prescribed by law.

Article 29

1. A citizen injured by an unlawful act of a public official in the course of duty may claim just compensation from the State or public body as prescribed by law; the official is not exempt from liability.
2. For damages related to combat, training, or

similar duties by certain personnel, no additional claims may be made beyond compensation provided by law.

Article 30

Citizens injured in life or body by another's crime may receive relief from the State as prescribed by law.

Article 31

1. All citizens have an equal right to education suited to their ability.
2. Guardians must ensure their children receive at least elementary and other mandatory education prescribed by law.
3. Compulsory education is free.
4. Educational autonomy, expertise, political neutrality, and university independence are guaranteed by law.
5. The State shall promote lifelong education.
6. Fundamental matters on the education system,

finance, and teachers' status are determined by law.

Article 32

1. All citizens have the right to work. The State shall strive to promote employment and guarantee fair wages and shall enforce a minimum wage system by law.
2. All citizens have the duty to work; its content and conditions are set by law in line with democratic principles.
3. Working-condition standards shall guarantee human dignity.
4. Working women receive special protection and shall not face unfair discrimination in employment, wages, or conditions.
5. Working minors receive special protection.
6. Persons of national merit, disabled veterans, and bereaved families shall receive preferential employment opportunities as prescribed by law.

Article 33

1. Workers have the right to organize, bargain collectively, and act collectively to improve working conditions.
2. Only public officials specified by law may exercise these rights.
3. Workers in designated key defense industries may have the right to collective action restricted or denied by law.

Article 34

1. All citizens have the right to a life worthy of human dignity.
2. The State has the duty to promote social security and welfare.
3. The State shall strive to enhance women's welfare and rights.
4. The State shall implement policies for the welfare of the elderly and youth.
5. Citizens who are disabled, ill, aged, or otherwise

unable to sustain a livelihood are protected by the State as prescribed by law.

6. The State shall endeavor to prevent disasters and protect citizens from their dangers.

Article 35

1. All citizens have the right to live in a healthy and pleasant environment, and the State and citizens shall strive to preserve the environment.
2. The substance and exercise of environmental rights are determined by law.
3. The State shall seek, through housing policies, to ensure that all citizens enjoy comfortable housing.

Article 36

1. Marriage and family life shall be founded on individual dignity and gender equality, and the State shall protect them.
2. The State shall strive to protect motherhood.
3. All citizens shall receive State protection for

health.

Article 37

1. Citizens' freedoms and rights shall not be neglected because they are not enumerated in the Constitution.
2. Such freedoms and rights may be restricted by law only when necessary for national security, maintenance of order, or public welfare, and even then their essential content shall not be violated.

Article 38

All citizens have the duty to pay taxes as prescribed by law.

Article 39

1. All citizens have the duty of national defense as prescribed by law.
2. No one shall suffer unfavorable treatment because of fulfilling military service obligations.

Chapter 3.

The National Assembly

Article 40

Legislative power is vested in the National Assembly.

Article 41

1. The National Assembly is composed of Members elected by universal, equal, direct, and secret suffrage.

2. The number of Members shall be determined by law, but shall be not fewer than 200.
3. Constituencies, proportional representation, and other electoral matters are prescribed by law.

Article 42

The term of office of Members of the National Assembly is four years.

Article 43

A Member may not hold any concurrent office specified by law.

Article 44

1. Except in cases of flagrante delicto, a Member shall not be arrested or detained during a session without the consent of the National Assembly.
2. If a Member is arrested or detained before a session opens, he or she shall be released during the session upon the request of the Assembly, unless caught in flagrante delicto.

Article 45

No Member shall be held liable outside the Assembly for opinions expressed or votes cast in the performance of duty.

Article 46

1. Members shall maintain integrity.
2. Members shall perform their duties in accordance with conscience, placing national interests foremost.
3. No Member may abuse his or her position to acquire property, gain, or office for oneself or another through contracts or dispositions with the State, public organizations, or enterprises.

Article 47

1. A regular session convenes once each year as provided by law; an extraordinary session convenes at the request of the President or of at least one-quarter of the Members.

2. A regular session may not exceed 100 days, nor an extraordinary session 30 days.
3. When the President requests an extraordinary session, the period and reasons must be stated.

Article 48

The National Assembly elects one Speaker and two Vice-Speakers.

Article 49

Except where the Constitution or law provides otherwise, decisions are made by a majority vote of those present with a quorum of a majority of all Members. A tie vote is deemed a rejection.

Article 50

1. Sessions of the Assembly are public. By majority vote of those present, or when the Speaker deems it necessary for national security, a session may be closed.
2. Publication of the proceedings of closed sessions

is governed by law.

Article 51

Bills and other matters submitted to the Assembly are not discarded merely because they are not disposed of during the session; provided, they lapse upon expiration of the Members' term.

Article 52

Bills may be introduced by Members or by the Government.

Article 53

1. A bill passed by the Assembly is sent to the Government and promulgated by the President within 15 days.
2. If the President objects, he or she may, within that period, return the bill with a statement of objections and request reconsideration—this also applies when the Assembly is not in session.
3. The President may not request reconsideration of only part of a bill, nor propose amendments.

4. Upon such request, the Assembly shall reconsider the bill, and if it repasses it by at least two-thirds of Members present with a quorum of a majority of all Members, it becomes law.
5. If the President neither promulgates nor requests reconsideration within the prescribed period, the bill becomes law.
6. The President shall promptly promulgate a bill that has become law under paragraphs 4 or 5; failing to do so within five days, the Speaker shall promulgate it.
7. Unless otherwise specified, a law takes effect 20 days after promulgation.

Article 54

1. The Assembly deliberates and decides the national budget.
2. The Government prepares the budget each fiscal year and submits it to the Assembly at least 90 days before the fiscal year begins; the Assembly must decide it at least 30 days before that date.

3. If the budget is not adopted in time, the Government may, until adoption, execute expenditures corresponding to:
   1) Maintenance and operation of institutions or facilities established by the Constitution or law;
   2) Obligatory expenditures prescribed by law;
   3) Continuing projects already approved in the budget.

Article 55

1. For expenditures extending beyond a single fiscal year, the Government must set a term and obtain the Assembly's approval as continuing expense.
2. A reserve fund requires Assembly approval in gross; its disbursement must be approved by the next Assembly.

Article 56

When budget changes are needed, the Government may prepare and submit a supplementary budget.

Article 57

Without Government consent, the Assembly may neither increase an amount nor create a new item in the Government-submitted expenditure budget.

Article 58

To issue national bonds or conclude contracts that place a financial burden on the State outside the budget, the Government must obtain prior approval of the Assembly.

Article 59

The kinds and rates of taxes are determined by law.

Article 60

1. The Assembly's consent is required for the conclusion or ratification of treaties concerning mutual assistance or security, important international organizations, friendship, commerce and navigation, restrictions on

sovereignty, peace, major fiscal obligations on the State or people, or matters requiring legislation.
2. The Assembly's consent is also required for declarations of war, dispatch of armed forces abroad, or stationing of foreign forces within the Republic of Korea.

Article 61

1. The Assembly may conduct audits of state affairs or investigations of specific matters, and may compel submission of documents, or appearance and testimony of witnesses or statements of opinion.
2. Procedures and other necessary matters are provided by law.

Article 62

1. The Prime Minister, Ministers, or Government Commissioners may attend the Assembly or its committees to report on state administration,

express opinions, and answer questions.
2. When requested by the Assembly or its committees, they must attend and answer; the Prime Minister or Minister so requested may have a Minister or Commissioner attend and answer in his or her stead.

Article 63

1. The Assembly may recommend to the President the removal of the Prime Minister or a Minister.
2. Such recommendation requires a motion by at least one-third of all Members and approval by a majority of all Members.

Article 64

1. Within the limits of the law, the Assembly may establish rules concerning its proceedings and internal discipline.
2. The Assembly judges Members' qualifications and may discipline Members.
3. Expulsion of a Member requires the affirmative

vote of at least two-thirds of all Members.
4. Measures under paragraphs 2 and 3 are not subject to judicial review.

Article 65

1. If the President, Prime Minister, Ministers, heads of administrative agencies, Justices of the Constitutional Court, judges, Members of the National Election Commission, the Chairperson or members of the Board of Audit and Inspection, or other officials designated by law violate the Constitution or law in the performance of duty, the Assembly may pass a motion for impeachment.
2. Such motion requires proposal by at least one-third of all Members and approval by a majority of all Members; impeachment of the President requires proposal by a majority and approval by at least two-thirds of all Members.
3. A person impeached is suspended from exercising authority until judgment is rendered.

4. An impeachment decision results only in removal from office but does not exempt from civil or criminal liability.

Chapter 4.

The Government

Section 1.

The President

Article 66

1. The President is Head of State and represents the Republic of Korea abroad.
2. The President must safeguard national independence, territorial integrity, state

continuity, and the Constitution.

3. The President has a sincere duty to pursue the peaceful reunification of the homeland.
4. Executive power belongs to the Government headed by the President.

Article 67

1. The President is elected by universal, equal, direct, and secret ballot of the people.
2. If two or more candidates tie for the highest votes, the National Assembly, in an open session attended by a majority of its members, elects by plurality.
3. Where only one candidate runs, that candidate is elected only if receiving at least one-third of all valid votes.
4. A presidential candidate must be eligible for the National Assembly and be at least forty years old on election day.
5. Details of presidential elections are prescribed by law.

Article 68

1. When a presidential term ends, a successor is elected between 70 and 40 days beforehand.
2. If the Presidency becomes vacant, or the President-elect dies or is disqualified, a successor is elected within 60 days.

Article 69

Upon taking office, the President swears: "I solemnly pledge before the people that I will faithfully perform the duties of the Presidency, uphold the Constitution, defend the State, strive for peaceful unification of the homeland, and promote the freedom, welfare, and cultural development of our people."

Article 70

The presidential term is five years, with no re-election.

Article 71

When the President is unable to perform duties or the office is vacant, authority passes in order to the Prime Minister and then to Ministers designated by law.

Article 72

The President may submit important policies on diplomacy, national security, unification, or other vital matters to a national referendum.

Article 73

The President concludes and ratifies treaties, accredits, receives, or dispatches diplomatic envoys, and declares war and peace.

Article 74

1. The President commands the Armed Forces under the Constitution and law.
2. The organization and structure of the Armed

Forces are fixed by law.

Article 75

Within limits defined by statute, the President may issue Presidential Decrees to execute laws or matters delegated by law.

Article 76

1. In case of domestic unrest, external menace, natural disaster, or grave fiscal-economic crisis that threatens national security or public order, and when the National Assembly cannot convene in time, the President may take minimum fiscal-economic measures or issue orders having the force of law.
2. The same power applies in major military hostilities that endanger the State and make Assembly convocation impossible.
3. Such measures or orders must be reported to the Assembly without delay for approval.
4. Disapproval nullifies the measure or order; any

amended or repealed statute automatically revives.

5. The President must promulgate both the order and any disapproval immediately.

Article 77

1. In wartime, national emergency, or comparable crisis, the President may proclaim martial law, subject to law, to meet military need or preserve public order.
2. Martial law is of two types: extraordinary and precautionary.
3. Under extraordinary martial law, warrants, freedoms of expression, press, assembly, and the powers of government or courts may be specially restricted by law.
4. The President must notify the Assembly immediately after proclaiming martial law.
5. If the Assembly, by majority of all members, demands its termination, the President must lift martial law.

Article 78

The President appoints and dismisses public officials as provided by Constitution and law.

Article 79

1. The President may grant pardons, commutations, or restorations of rights under law.
2. A general amnesty requires Assembly consent.
3. Matters on pardon, commutation, and restoration are set by law.

Article 80

The President confers decorations and other honors as provided by law.

Article 81

The President may address the National Assembly in person or in writing.

Article 82

All presidential acts of state are in writing and

countersigned by the Prime Minister and the relevant Minister; military matters likewise.

Article 83

The President may not hold any other public or private office specified by law.

Article 84

Except for treason or insurrection, the President is immune from criminal prosecution while in office.

Article 85

The status and 待遇 of former Presidents are prescribed by law.

Section 2.
The Executive Branch

Subsection 1.
The Prime Minister and Ministers

Article 86

1. The Prime Minister is appointed by the President with the National Assembly's consent.
2. The Prime Minister assists the President and directs executive ministries on the President's orders.
3. No serving officer of the armed forces may be appointed Prime Minister.

Article 87

1. Ministers are appointed by the President on the Prime Minister's recommendation.
2. Ministers assist the President in state affairs and, as members of the State Council, deliberate on policy.

3. The Prime Minister may recommend a Minister's dismissal to the President.
4. No serving officer of the armed forces may be appointed Minister.

Subsection 2.
The State Council

Article 88

1. The State Council deliberates important policies within the Government's authority.
2. It consists of the President, the Prime Minister, and not fewer than 15 nor more than 30 Ministers.
3. The President chairs the Council; the Prime Minister is vice-chair.

Article 89

1. The following require State Council deliberation: Basic national plans and general government policy;

2. Declarations of war, peace, and other major external policies;
3. Drafts of constitutional amendments, referendums, treaties, laws, and Presidential Decrees;
4. The budget, settlement of accounts, basic plans for disposal of state property, major fiscal matters, and contracts imposing state obligations;
5. Presidential emergency orders, emergency fiscal-economic measures, martial law, and its termination;
6. Major military matters;
7. Requests to convene an extraordinary Assembly session;
8. Conferral of honors;
9. Pardons, commutations, and restorations;
10. Allocation of powers among ministries;
11. Basic plans for delegation or assignment of government powers;
12. Evaluation and analysis of policy execution;
13. Formulation and coordination of key ministerial

policies;
14. Petitions to dissolve a political party;
15. Review of petitions related to government policy;
16. Appointments of the Prosecutor-General, Chairman of the Joint Chiefs of Staff, Chiefs of Staff of each service, presidents of national universities, ambassadors, and other officials or heads of state-run enterprises as defined by law;
17. Other matters submitted by the President, Prime Minister, or Ministers.

Subsection 3.
Presidential Advisory Councils

Article 90

1. A Council of Senior State Advisors, composed of eminent elders, may be established to advise the President on important national matters.
2. The immediate past President chairs the Council; if none, the President designates a chair.
3. Organization, mandate, and details are set by law.

Article 91

1. A National Security Council is established to advise the President, before State Council deliberation, on foreign, defense, and internal security policies.
2. The President presides over the Council. Organization, mandate, and details are set by law.

Article 92

1. A National Unification Advisory Council may be formed to advise the President on peaceful-unification policy.
2. Organization, mandate, and details are set by law.

Article 93

1. A National Economic Advisory Council may be formed to advise the President on major economic-development policies.
2. Organization, mandate, and details are set by law.

Subsection 4.
Executive Ministries

Article 94

Ministers heading executive ministries are appointed by the President on the Prime Minister's recommendation from among the Ministers.

Article 95

The Prime Minister or a Minister may issue Prime-Ministerial or Ministerial Orders, within the scope of statute or Presidential Decree, for matters under their jurisdiction.

Article 96

The establishment, organization, and jurisdiction of executive ministries are prescribed by law.

Subsection 5.
Board of Audit and Inspection

Article 97

A Board of Audit and Inspection, under the President, audits state revenues and expenditures, public accounts of bodies designated by law, and supervises administration and public officials' conduct.

Article 98

1. The Board consists of the Chair and at least 5 but not more than 11 Members.
2. The Chair is appointed by the President with Assembly consent for a four-year term and may be reappointed once.
3. Members are appointed by the President on the Chair's recommendation for four-year terms and may be reappointed once.

Article 99

The Board annually audits revenues and expenditures and reports the results to the President and the National Assembly of the following fiscal year.

Article 100

Matters on the Board's organization, duties, qualifications of Members, audit scope, and other details are fixed by law.

Chapter 5.

The Courts

Article 101

1. Judicial power is vested in courts composed of judges.
2. The court system consists of the Supreme Court as the highest court and of other courts at various levels.
3. Qualifications for judges are prescribed by law.

Article 102

1. Divisions (panels) may be established within the Supreme Court.
2. The Supreme Court shall have Supreme Court Justices; judges who are not Justices may also serve as provided by law.
3. The organization of the Supreme Court and of all other courts is prescribed by law.

Article 103

Judges decide cases independently, according to their conscience, and in conformity with the Constitution and laws.

Article 104

1. The Chief Justice of the Supreme Court is appointed by the President with the consent of the National Assembly.
2. Supreme Court Justices are appointed by the President on the recommendation of the Chief Justice and with the consent of the

National Assembly.
3. Judges other than the Chief Justice and Supreme Court Justices are appointed by the Chief Justice with the consent of the Council of Supreme Court Justices.

Article 105

1. The term of office of the Chief Justice is six years and may not be renewed.
2. The term of office of a Supreme Court Justice is six years and may be renewed as provided by law.
3. Judges other than the Chief Justice and Supreme Court Justices serve ten-year terms and may be reappointed as provided by law.
4. The retirement age of judges is fixed by law.

Article 106

1. No judge shall be removed except by impeachment or a criminal sentence of imprisonment or heavier; nor shall a judge be suspended, reduced in salary, or otherwise

disadvantaged except by disciplinary action.
2. A judge who cannot perform duties because of severe mental or physical disability may be retired as provided by law.

Article 107

1. When the constitutionality of a statute is a prerequisite issue in litigation, the court shall refer the question to the Constitutional Court and decide the case in accordance with its ruling.
2. When the constitutionality or legality of orders, rules, or administrative actions is a prerequisite issue, the Supreme Court has final authority to review them.
3. Administrative appeals may precede judicial proceedings; the procedure for such appeals is set by law but must follow principles analogous to judicial procedure.

Article 108

Within the limits of law, the Supreme Court may

enact rules concerning judicial procedure, internal discipline, and administrative affairs of the courts.

Article 109

Trials and judgments shall be open to the public; however, the court may decide to close proceedings when openness is likely to endanger national security, disturb public order, or offend good morals.

Article 110

1. Military courts may be established as special courts to hear military cases.
2. Appeals from military courts are heard by the Supreme Court.
3. The organization, jurisdiction, and qualifications of judges of military courts are prescribed by law.
4. Under martial law, military trials may be held in a single instance only for crimes by service personnel or for military espionage, sentry, guard-post, provision of poisonous food or drink, or prisoner-of-war offenses as specified

by law; capital cases are excepted from single-instance trials.

Chapter 6.

The Constitutional Court

Article 111

1. The Constitutional Court has jurisdiction over:
   1) Review of the constitutionality of statutes upon referral by the courts;
   2) Impeachment trials;
   3) Dissolution of political parties;
   4) Competence disputes between state agencies, between a state agency and a local

government, and between local governments;
5) Constitutional complaints as provided by law.
2. The Court consists of nine Justices qualified as judges; they are appointed by the President.
3. Of these nine, three are elected by the National Assembly, and three are nominated by the Chief Justice of the Supreme Court.
4. The President of the Constitutional Court is appointed by the President of the Republic from among the Justices with the consent of the National Assembly.

Article 112

1. The term of office of a Justice is six years and may be renewed as provided by law.
2. A Justice may not join a political party or engage in politics.
3. A Justice shall not be removed except by impeachment or a criminal sentence of imprisonment or heavier.

Article 113

1. Decisions declaring a statute unconstitutional, ruling on impeachment, dissolving a political party, or granting a constitutional complaint require the concurrence of at least six Justices.
2. Within the limits of law, the Court may enact rules on its procedures, internal discipline, and administrative affairs.
3. The organization and operation of the Court and other necessary matters are determined by law.

Chapter 7.

Election Management

Article 114

1. To ensure the fair administration of elections and national referendums, and to handle affairs related to political parties, election commissions shall be established.//
2. The **National Election Commission** consists of nine members: three appointed by the President, three elected by the National Assembly, and three designated by the Chief Justice of the

Supreme Court. The Chairperson is elected from among the members.

3. Members serve six-year terms.
4. Members may not join political parties or engage in political activity.
5. No member shall be removed except by impeachment or by a criminal sentence of imprisonment or heavier.
6. Within the scope of statutes, the National Election Commission may enact regulations on the management of elections, referendums, and political-party affairs, and—within the bounds of law—rules for its own internal governance.
7. The organization, jurisdiction, and other necessary matters of election commissions at each level are prescribed by law.

Article 115

1. Election commissions at each level may issue necessary directives to the relevant administrative agencies concerning election affairs—such

as preparation of electoral rolls—and referendum affairs.
2. Agencies receiving such directives must comply.

Article 116

1. Election campaigning is conducted under the supervision of the election commissions and within limits set by law; equal opportunity shall be guaranteed.
2. Except as otherwise provided by law, election expenses shall not be imposed upon political parties or candidates.

Chapter 8.

Local Autonomy

Article 117

1. Local governments shall administer affairs concerning the welfare of their residents, manage property, and may enact autonomous regulations within the limits of statutes.
2. The types of local governments are determined by law.

Article 118

1. Each local government shall have a local council.
2. The organization and powers of local councils, the election of their members, the method for selecting the heads of local governments, and other matters related to the organization and operation of local governments are prescribed by law.

Chapter 9.

The Economy

Article 119

1. The economic order of the Republic of Korea is founded on respect for the economic freedom and creativity of individuals and enterprises.
2. To secure balanced growth and stability of the national economy, an equitable distribution of income, the prevention of market domination and abuse of economic power, and the democratization of the economy

through harmony among economic agents, the
State may regulate and coordinate economic affairs.

Article 120

1. The extraction, development, or utilization, for a fixed period, of minerals and other important subterranean resources, marine resources, water power, and other natural forces exploitable for economic purposes may be licensed as prescribed by law.
2. The national territory and its resources are under State protection; the State shall formulate the plans necessary for their balanced development and utilization.

Article 121

1. The State shall endeavor to realize the principle that farmland belongs to those who cultivate it; tenant farming systems are prohibited.
2. Leasing or entrusted cultivation of farmland that arises unavoidably for the enhancement

of agricultural productivity or the rational use of farmland may be permitted as provided by law.

Article 122

To ensure the efficient and balanced use, development, and conservation of national land— the foundation of production and life for all citizens— the State may impose necessary restrictions and obligations as prescribed by law.

Article 123

1. The State shall establish and implement comprehensive development plans and related support measures for farming and fishing villages to protect and foster agriculture and fisheries.
2. The State has the duty to promote regional economies to achieve balanced development among regions.
3. The State shall protect and foster small and medium enterprises.
4. By balancing supply and demand and improving

distribution structures for agricultural and marine products, the State shall work to stabilize prices and protect the interests of farmers and fishers.

5. The State shall foster self-help organizations of farmers, fishers, and small and medium enterprises and guarantee their autonomous activities and development.

Article 124

The State shall guarantee, as prescribed by law, consumer-protection movements that encourage sound consumption and promote improvement in product quality.

Article 125

The State shall promote foreign trade and may regulate or coordinate it.

Article 126

Except in cases specified by law for reasons of

national defense or urgent necessity for the national economy, private enterprises shall not be transferred to state or public ownership, nor shall their management be controlled or administered.

Article 127

1. The State shall strive to develop the national economy through innovation in science and technology and through the development of information and human resources.
2. The State shall establish a national standardization system.
3. The President may establish advisory bodies necessary to achieve the purpose set forth in paragraph 1.

Chapter 10.

Amendment to the Constitution

Article 128

1. Amendments to the Constitution may be proposed by a majority of the total members of the National Assembly or by the President.
2. A constitutional amendment whose purpose is to extend the presidential term or allow re-election shall not apply to the President in office at the time the amendment is proposed.

Article 129

A proposed constitutional amendment must be publicly announced by the President for a period of at least twenty days.

Article 130

1. The National Assembly shall vote on a proposed amendment within sixty days of its public announcement, and approval requires the affirmative vote of at least two-thirds of all members.
2. Within thirty days after Assembly approval, the amendment must be submitted to a national referendum and obtain the approval of more than half of all eligible voters and more than half of the votes cast.
3. When the amendment is so approved, it is finalized, and the President shall promulgate it without delay.

ADDENDA
⟨Constitution Act No. 10, 29 October 1987⟩

Article 1

This Constitution shall enter into force on **25 February 1988**. However, statutes required for its implementation—and all preparations for elections of the President and Members of the National Assembly, and other matters necessary for putting this Constitution into effect—may be enacted, amended, or carried out before that date.

Article 2

1. The first presidential election under this Constitution shall be held **no later than forty days** before the date on which it enters into force.

2. The term of office of the first President elected under this Constitution shall **begin on the day this Constitution enters into force.**

Article 3

1. The first election of Members of the National Assembly under this Constitution shall be held within six months of its promulgation. The term of office of that first National Assembly shall commence on the date of the first session convened under this Constitution after the election.

2. The term of Members of the National Assembly who are in office on the date of promulgation shall end on the day preceding the first session mentioned in paragraph 1.

Article 4

1. Public officials and executives of state-appointed enterprises who hold office when this Constitution enters into force shall be regarded as having been appointed under this Constitution.
    - However, where this Constitution changes the method of selection or the appointing authority for a public office, and with respect to the Chief Justice of the Supreme Court and the Chair of the Board of Audit and Inspection, the incumbents shall continue to perform their duties **until successors are appointed** under this Constitution; the incumbents' terms shall end the day before their successors assume office.

2. Notwithstanding the proviso of paragraph 1, the Chief Justice and judges **other than Supreme Court Justices** who are in office when this Constitution enters into force are deemed appointed under this Constitution.

3. Provisions of this Constitution that limit terms of office or reappointment for public officials **apply from the first time** such officials are elected or appointed under this Constitution.

Article 5

All statutes and treaties in force when this Constitution enters into force remain valid unless they conflict with this Constitution.

Article 6

Any institution that, at the time this Constitution enters into force, is exercising powers assigned by this Constitution to a newly created institution shall continue to exist and perform those duties until the new institution is established.

대한민국 헌법

초판 1쇄 ◆ 2025년 6월 23일

지은이 ◆ 대한민국
펴낸곳 ◆ 대한의소리 편집부
출판등록 ◆ 2021년 5월 21일 제2021-000019호
ISBN ◆ 979-11-93282-26-7

* 책값은 뒤표지에 있습니다.
* 파본은 구입하신 서점에서 교환해 드립니다.
* 이 책은 저작권법에 의하여 보호를 받는 저작물이므로 무단 전재와 복제를 금합니다.

대한의소리는 독자 여러분의 책에 관한 생각과 원고 투고를 언제나 기다리고 있습니다. 책 출간을 원하시는 분은 이메일 voiceinkorea@gmail.com로 투고 원고와 함께 자료를 보내주길 기다리겠습니다.